# EXPLORING

# FRENCH

## Joan G. Sheeran
## J. Patrick McCarthy

*Consultants*
## Louise Dillery
## André Fertey

EMC Publishing, Saint Paul, Minnesota

with special thanks to:

David and Leslie Neira — for musical editing, general, and
    photographic assistance
James Douglas Sheeran — for editorial advice
Judy G. Myrth — for reading, editing, suggestions, and other
    assistance
Mary Jo Horan — for artistic inspiration

ISBN 0-8219-0313-6

Library of Congress Catalog Number: 8722287

Published by EMC Publishing
300 York Avenue
St. Paul, Minnesota   55101

Printed in the United States of America
0 9 8

# Table of Contents

# GREETINGS AND EXPRESSIONS OF COURTESY
## Salutations et Courtoisies

Bonjour.
Good day. Hello. Good morning.

Bonsoir.
Good evening.

Bonne nuit.
Good night.

Courtoisies.

S'il te plaît. —— Please.
Merci. —————— Thank you.
De rien. ————— You're welcome.
Pardon. ————— Excuse me.
Je regrette. ——— I'm sorry.

Oui.    Non.

Bonne chance.

GOOD LUCK.

Salut. ——————— Hi.
Au revoir. ————— Good-bye.
À bientôt. ———— See you later.
À demain. ———— See you tomorrow.

Comment t'appelles-tu?
What's your name?

Je m'appelle Luc.
My name is Luc.

Tu parles français, n'est-ce pas?
You speak French, don't you?

Oui. Je parle français.
Yes. I speak French.

Enchanté.
Pleased to meet you.

Comment vas-tu?
How are you?
Comment ça va?

Bien, merci.
Et toi?
Fine, thanks. And you?

Pas mal.    Ça va.
Not bad.    All right.

Parles-tu français?
Do you speak French?

Non. Je ne parle pas français.
No. I don't speak French.

Avec plaisir. — Pleased to meet you. (With pleasure.)
allemand (German), espagnol (Spanish), anglais (English), italien (Italian), russe (Russian)

À tout seigneur, tout honneur.    Treat all people courteously.

**Je m'appelle...**

| | |
|---|---|
| Annette | Antoine |
| Antoinette | Bernard |
| Blanche | Bertrand |
| Brigitte | Charles |
| Claire | Didier |
| Constance | Étienne |
| Danielle | François |
| Denise | Guy |
| Florence | Henri |
| Françoise | Hervé |
| Isabelle | Jacques |
| Janine | Jean-Marcel |
| Jeanne | Louis |
| Lorraine | Michel |
| Marcelle | Patrice |
| Marie | Paul |
| Michelle | Pierre |
| Monique | René |
| Véronique | Robert |
| Yvette | Yves |

## Exercises

**A** Choisis l'expression inapplicable. *Choose the word that does not fit.*

1. Oui.     Enchanté.     Avec plaisir.     Bonjour.
2. À demain.     Au revoir.     Pardon.     À bientôt.
3. Bonne nuit.     Bonne chance.     Bonjour.     Bonsoir.
4. S'il te plaît.     Merci.     Bonjour.     De rien.
5. allemand     anglais     espagnol     Non.

**B** Choisis les noms de filles. *Choose girls' names.*

1. Danielle        6. Florence
2. Olivier        7. Patrice
3. Yves        8. Jean-Marcel
4. Jeanne        9. Monique
5. Pierre        10. Marie

**C** Réponds en français aux questions. Écris tes réponses. *Answer the questions in French. Write your answers.*

1. Comment t'appelles-tu? _____

2. Comment ça va? _____

3. Parles-tu français? _____

**D** Écris en français une expression pour chaque illustration. *Write in French an expression that corresponds to each picture.*

1. _____

2. _____

3. _____

4. _____

5. _____

6. _____

7. _____

Short answers. (En français, s'il te plaît.)

1. How do you say "hello"?

   _____.

2. An expression used to wish someone luck is

   _____.

3. How do you greet someone in the evening?

   _____.

4. *Non* is the opposite of

   _____.

5. An expression at an introduction is

   _____.

6. *Salut* is used to greet: a) M. Dubois    b) Monique

   _____ _____.

7. Answer this question: « Comment t'appelles-tu? »

   _____.

8. Complete this sentence:

   « _____ français. »

9. A colloquial version for *bonjour* is

   _____.

10. *Please* means

   _____.

Réponds aux questions. *Answer the questions.* (En français, s'il te plaît.)

1. Denise:  Bonjour, Didier. Comment vas-tu?

   Didier: _____

2. Florence:  Salut! Je m'appelle Florence. Et toi?

   Bernard: _____

3. Olivier:  Parles-tu français?

   Janine: _____

# Mots croisés

**G**

### Vertical

1. Good evening.
2. I speak.
3. « Avec...! »
4. « De... »
5. « À...(*later*)! »
6. Pleased to meet you.
8. « ...t'appelles-tu? »
10. Fine.
14. Yes.
15. All right.

### Horizontal

1. Good day!
3. Excuse me!
7. « ...plaisir! »
9. Opposite of *oui*.
11. Thank you.
12. Night.
13. And you?
16. French.
17. Good-bye.

De loin
Meilleurs voeux
de bonheur
pour un
joyeux Anniversaire

## Bulletin d'abonnement à
# L'EXPRESS

OUI, je veux économiser 45% sur mon abonnement. Adressez-moi L'Express chaque semaine à mon domicile, pendant 26 semaines, au tarif réservé aux abonnés de mon pays de résidence (se reporter au tableau au verso).

Je vous réglerai ultérieurement, à réception de votre facture, qui me parviendra après mon premier numéro de L'Express et je recevrai ma pendulette dans les 4 semaines qui suivent l'enregistrement de mon paiement.

M., Mme, Mlle _____ Prénom _____
MAJUSCULES SVP
Adresse complète _____
_____
Ville _____
Code postal _____ Pays _____
Montant de votre abonnement _____
Durée _____
Valable uniquement pour un premier abonnement d'essai.
**A tout moment nos tarifs peuvent changer, hâtez-vous de nous retourner ce bulletin.**
Voir au dos le tableau des tarifs d'abonnement. ED 4

Meilleurs Voeux
pour un
Joyeux Noël
et une
Heureuse Année

TIMBREZ
ICI
MERCI

L'Express
Service Abonnements
31 cours des Juilliottes
94705 Maisons-Alfort Cedex
France

# 45%
## de réduction
## sur votre
## abonnement

## ET EN CADEAU:

### cette pendulette exclusive.

En plus du tarif particulièrement avantageux qui vous est réservé, L'Express vous offre cette élégante pendulette de voyage (à quartz) que vous aurez plaisir à placer sur votre bureau ou à utiliser chez vous.

Vous apprécierez son cadran très lisible orné de drapeaux, sa stabilité, sa précision, son fonctionnement à pile qui lui assure une large autonomie. Elle est garantie 6 mois.

Bonne Chance

bienvenue
à paris

À Ma Marraine!

Un voeu tout ensoleillé
pour égayer ta journée!

Bonne Fête
Avec affection

Merci Beaucoup

Il semble inutile
de le répéter...
Et pourtant,
encore une fois
merci.

Bonnes Vacances
Et
Bonne Chance

Que chaque instant
de ce voyage
soit un enchantement
pour les yeux
comme pour le coeur
et apporte de nombreuses
satisfactions.

BON VOYAGE

# CLASSROOM OBJECTS
## Les Objets de la salle de classe

Qu'est-ce que c'est?
C'est un...
C'est une... }

What is this?
This is a...

une carte — a map

un mur
a wall

une salle de classe
a classroom

une fenêtre
a window

une peinture

une horloge
a clock

un crayon

une pointe
a point

une gomme
an eraser

un taille-crayon
a pencil sharpener

un drapeau
a flag

a pencil

un tableau    a board

a painting

une brosse    un bâton de craie
an eraser         chalk

une chaise
a chair

un bureau
a desk

une bibliothèque
a bookcase (library)

un livre
a book

une feuille
de papier
a paper

un cahier
a notebook

une corbeille à papier
a wastebasket

un stylo
a ballpoint pen

une règle
a ruler

un pupitre
a desk

une classe - a class of students

Vouloir, c'est pouvoir.    Where there is a will, there is a way.

## Exercises

**A** **Listening Comprehension**

Your teacher will point out twenty-four classroom objects. As your teacher pronounces each object in French, find it on the list below and place the appropriate number after it.

un stylo _____          une feuille de papier _____

une règle _____          une horloge _____

une pointe _____          une bibliothèque _____

un cahier _____          un pupitre _____

une corbeille à papier _____          un taille-crayon _____

une peinture _____          un mur _____

un crayon _____          une fenêtre _____

une gomme _____          un bureau _____

un livre _____          une carte _____

une brosse _____          un tableau _____

un drapeau _____          une chaise _____

une classe _____          un bâton de craie _____

**B** Answer each question in English.

1. What are the colors of the "drapeau"? _____.

2. What does one put on a "mur" in order to decorate a room? _____.

3. What does the "horloge" indicate? _____.

**C** Choisis la réponse correcte. *Choose the correct response.*

1. Ink is used in a . . . .
   a) "un bâton de craie"          b) "stylo"
2. In the classroom the "bureau" belongs to the . . . .
   a) teacher          b) student
3. The "salle de classe" is . . . .
   a) small          b) large
4. One sits on a . . . .
   a) "cahier"          b) "chaise"
5. An eraser is found . . . .
   a) at the end of a "crayon"          b) on top of the "drapeau"

**D**  Écris en français le nom de chaque objet. *Write the French name for each object.*

1. _____

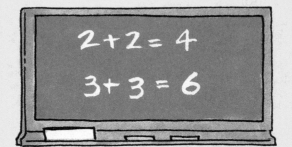

2. _____

3. _____

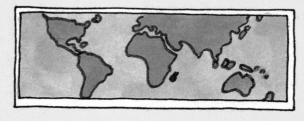

4. _____

5. _____

6. _____

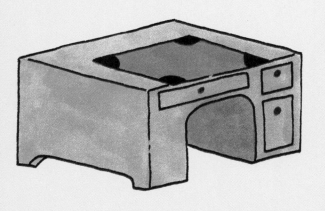

7. _____

8. _____

9. _____

10. _____

11.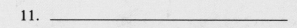

12. _____

13. _____

14. _____

15. _____

**E** Complète les phrases. *Complete the sentences.*

1. _____ 'est-ce que c'est?

2. _____ un stylo.

3. C'est _____ chaise.

4. C'est _____ livre.

**F** Écris les lettres qui manquent. *Fill in the missing letters.*

1. pupi___re
2. t___bleau
3. fe___être
4. ___rayon
5. gomm___
6. ca___ier
7. cor___eille à papier
8. biblioth___que

9. ___orloge
10. ta___lle-crayon
11. styl___
12. ___raie
13. peint___re
14. c___aise
15. burea___
16. bros___e

17. mu___
18. sa___le de classe
19. car___e
20. ___apier
21. drape___u
22. poin___e
23. r___gle
24. li___re

# Mots croisés

**G**

## Vertical

1. Place to sit.
2. Where light is admitted.
3. Large desk.
4. Source of knowledge.
5. Container for discarded paper.
7. Straight edge.
9. Writing instrument.

## Horizontal

3. Storage place for books, manuscripts, and records.
6. Side of a room.
8. Used to erase chalk marks.
10. At end of a pencil.
11. "... de classe."
12. Opposite "une gomme"
13. Important items are listed in this.

## Porte-Crayons

Un tube de carton habillé de papier collé et ceinturé de deux boudins en plastique souple (Droguerie).

Deux boîtes de conserve chinoises. Ouvrez-en une aux deux extrémités, l'autre d'un seul côté. Superposez. Collez à la cyanolite (crayons Marie Papier).

Une dizaine de beaux tubes à cigares récupérés auprès de vrais amateurs, réunis par un élastique caché sous un brin de raphia (crayons Marie Papier).

Rien qu'une boîte en carton de récupération (une boîte à sucre convient bien) recouverte d'un décor peint sur un papier que l'on colle (crayons Samaritaine).

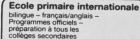

COORDONNÉS : PINCES A DESSIN (16 F LES 4). TAILLE-CRAYON (9 F). DOUBLE-DÉCIMÈTRE (8 F L'Entrepôt).

### BEAU BUREAU
EN BOIS LAQUÉ, LE BUREAU DES MA-THEUX : SES PIEDS SONT DES CHIFFRES (1200 F ENVIRON. IL A ÉTÉ CRÉÉ PAR GUEN SUZUKI POUR VILAC).

Adresses page 138

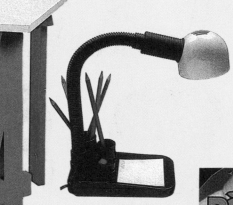

### production POMME D'API

## TOUT PREMIERS JOURNAUX POUR DEVENIR GRAND

# CLASSROOM COMMANDS
## Les Ordres donnés en classe

Répète.
Repeat.

Parle.
Speak.

Dis-le en français.
Say it in French.

Complète les phrases.
Complete the sentences.

Réponds à la question.
Answer the question.

Lève la main.
Raise your hand.

Prends une feuille de papier.
Take out paper.

Ouvre le livre.
Open the book.

Ferme le livre.
Close the book.

Écris.
Write.

Écoute.
Listen.

Lis.
Read.

Assieds-toi.
Sit down.
Be seated.

Complète les phrases.
Complete the sentences.

Va au tableau.
Go to the board.

Qui ne dit mot, consent.

Silence is consent.

## Exercises

**A** Do what your teacher commands.

**B** Écris en français, s'il te plaît. *Write in French, please.*

1. (Speak.) _____

2. (Say.) _____

3. (Answer.) _____

**C** Do what the following command tells you to do.

Écris ton nom. _____.

**D** Match the English with the French.

| A | | B |
|---|---|---|
| 1. répondre _____ | | a) to read |
| 2. lever _____ | | b) to repeat |
| 3. aller _____ | | c) to answer |
| 4. répéter _____ | | d) to raise |
| 5. lire _____ | | e) to go |

**E** Écris un ordre en français pour chaque illustration. *Write a command in French for each picture.*

1. _____

2. _____

3. _____

4. _____

5. _____

**F**  Complète chaque phrase en français. *Complete each sentence in French.*

1. _____ la main.

2. Va au _____.

3. _____ -le en français.

4. Réponds à la _____.

5. _____ le livre.

6. Prends une feuille de _____ .

7. _____ les phrases.

**G**  Choose the corresponding command in each group.

1. Complete.  (Va.      Parle.   Complète.)
2. Repeat.    (Répète.  Écris.   Ferme.)
3. Read.      (Ouvre.   Lis.     Écoute.)
4. Listen.    (Écoute.  Écris.   Sors.)
5. Answer.    (Ferme.   Lis.     Réponds.)

## Signalisation routière

Arrêt obligatoire

Virage à gauche interdit

Passage à niveau

Passage étroit

Gardez la droite

Terrain de jeux

École

Virage à droite

Route en lacets

Virage dangereux

YIELD CEDEZ
Obligation de céder le passage

Sens unique

MAXIMUM 100 km/h
Autoroutes

MAXIMUM 80 km/h
Routes à deux voies

MAXIMUM 50 km/h
Villes

Les limites de vitesse canadiennes sont indiquées en kilomètres à l'heure (km/h). Les limites de vitesse en vigueur sont établies en vertu de règlements municipaux.

Un feu vert clignotant à certaines intersections indique que la voie de circulation faisant face au feu a le droit de passage pour des virages à gauche à l'encontre de la circulation en sens inverse.

# 4

# NUMBERS
## Les Nombres

Combien font...?   How many are...?

1 un
2 deux
3 trois
4 quatre
5 cinq

6 six
7 sept
8 huit
9 neuf
10 dix

11 onze
12 douze
13 treize
14 quatorze
15 quinze

16 seize
17 dix-sept
18 dix-huit
19 dix-neuf

20 vingt
21 vingt et un
22 vingt-deux
23 vingt-trois
24 vingt-quatre
25 vingt-cinq
26 vingt-six
27 vingt-sept
28 vingt-huit
29 vingt-neuf

30 trente
31 trente et un
32 trente-deux

40 quarante
41 quarante et un
42 quarante-deux

50 cinquante
51 cinquante et un
52 cinquante-deux

60 soixante
61 soixante et un
62 soixante-deux

70 soixante-dix
71 soixante et onze
72 soixante-douze

80 quatre-vingts
81 quatre-vingt-un
82 quatre-vingt-deux

90 quatre-vingt-dix
91 quatre-vingt-onze
92 quatre-vingt-douze

100 cent
200 deux cents
1000 mille

Un tiens vaut mieux
que deux tu l'auras.

A bird in the hand is
worth two in the bush.

20

## Supplementary Vocabulary

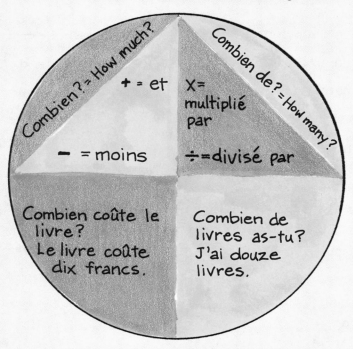

## Exercises

**A** After you have studied the numbers and practiced saying them, try to write these numbers from memory. (En français, s'il te plaît.)

1 _____     6 _____

2 _____     7 _____

3 _____     8 _____

4 _____     9 _____

5 _____     10 _____

**B** Rate yourself. How did you do? Circle your evaluation.

1.  very well                2.  fairly well                3.  poorly

**C** Practice again. Écris les nombres.

  EXEMPLE: onze __11__

1.  cinq _____     4.  neuf _____

2.  huit _____     5.  sept _____

3.  un _____

**D** Écris le mot français pour chaque nombre.

  4 _____     6 _____

  2 _____     8 _____

**E** Tell whether the following equations indicate addition, subtraction, multiplication, or division.

1. Quatorze divisé par sept font deux. _____

2. Deux et dix font douze. _____

3. Huit multiplié par trois font vingt-quatre. _____

4. Dix-neuf moins treize font six. _____

**F** Write once more Numbers 1-10. Try not to look at any of the exercises that preceded. (En français, s'il te plaît.)

9 _____     1 _____     6 _____     4 _____     7 _____

2 _____     5 _____     8 _____     3 _____     10 _____

**G** Combien d'objets sont représentés? *How many objects are pictured? Write the number in French.*

= _____

= _____

= _____

= _____

= _____

**H** Il y a combien d'objets en tout? *How many objects are there altogether?* _____

Now, write this sum in French. _____

**I** Écris les réponses en français.

      EXEMPLE:  $6 - 4 =$ <u> deux </u>

  1.  $12 \times 4 =$ _____

  2.  $30 - 10 =$ _____

  3.  $8 - 6 =$ _____

  4.  $12 + 18 =$ _____

  5.  $100 \div 2 =$ _____

  6.  $60 + 10 =$ _____

  7.  $30 - 15 =$ _____

  8.  $80 \div 2 =$ _____

  9.  $10 \times 10 =$ _____

10.  $15 + 4 =$ _____

**J** Your teacher will say ten numbers in French. Write the corresponding numerals.

1. _____     6. _____

2. _____     7. _____

3. _____     8. _____

4. _____     9. _____

5. _____    10. _____

**K** How many interior angles are there in each figure? Circle the number.

quatre
huit
dix
trois

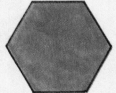

sept
six
onze
cinq

cinq
trois
quatre
sept

cinq
neuf
huit
onze

**L** Lis le passage. Choisis les réponses applicables.

La salle de classe est très agréable. Il y a beaucoup d'objets ici: quinze gommes, vingt livres, onze chaises et une corbeille à papier. Une gomme coûte trente-cinq cents. Une chaise coûte quinze dollars. Un livre coûte trois dollars, et une corbeille coûte sept dollars.

1. Il y a beaucoup d'objets dans la salle de classe, n'est-ce pas?
   a) oui                                          b) non

2. Il y a combien d'objets dans la salle de classe?
   a) quarante-sept                                b) quatorze
   c) quatre                                       d) huit

3. Combien coûte un livre?
   a) $ 3.00                                       b) $ .03
   c) $30.00                                       d) $ .13

4. Il y a combien de gommes dans la salle de classe?
   a) trente-cinq                                  b) six
   c) cinquante                                    d) quinze

5. Combien coûte une chaise?
   a) $11.00                                       b) $ .50
   c) $15.00                                       d) $ 5.00

# Mots croisés

## Vertical

1. (Square root of 16) + 4 = . . . .
2. To find an average, a total is . . . by the number of items in it.
3. One fourth of a bicentennial = . . . years.
5. Complete the progression: 0, 20, 40, . . . 80.
6. A bicentennial celebrates . . . years.
7. Thirty plus ten = . . . .
9. A millenium = . . . years.
11. Twenty percent of 100 = . . . .
15. Word for the addition sign.

## Horizontal

4. The word *times* is . . . in French.
8. Opposite of addition sign.
10. (Square of 2) + 2 = . . . .
12. Square of ten = . . . .
13. Two and one half dozen = . . . .
14. One dozen + one = . . . .
16. Square root of 9.

Les principaux clubs français dépensent de fortes sommes d'argent pour acheter des stars. Selon vous, cela a-t-il :

| | |
|---|---|
| une bonne influence sur le jeu : | 39 % |
| une mauvaise influence : | 33 % |
| pas d'influence : | 28 % |

Selon vous, le salaire présumé des stars du foot français est-il :

| | |
|---|---|
| bien trop élevé : | 52 % |
| trop élevé : | 39 % |
| justifié : | 7 % |
| insuffisant : | 2 % |

On ne connaît pas exactement les sommes d'argent versées aux joueurs ni leur salaire mensuel. Estimez-vous que ces sommes devraient être :

| | |
|---|---|
| connues du grand public : | 79 % |
| tenues secrètes : | 21 % |

Si Maradona, Lineker, Belanov ou une autre star du football international venait à jouer dans votre équipe favorite, seriez-vous prêt à payer votre place d'entrée au stade :

| | |
|---|---|
| deux fois plus cher : | 5 % |
| trente pour cent plus cher : | 18 % |
| pas plus cher : | 77 % |

Pensez-vous que les grosses sommes d'argent versées aux professionnels soient pour eux un argument :

| | |
|---|---|
| plus motivant : | 31 % |
| moins motivant : | 17 % |
| sans influence : | 52 % |

L'argent dépensé par les clubs pour les transferts et les salaires des joueurs vous paraît-il être :

| | |
|---|---|
| un bon exemple pour la jeunesse : | 8 % |
| un mauvais exemple : | 75 % |
| sans influence sur eux : | 17 % |

# LES FOOT STARS ET VOUS

## RÉSULTATS DU QUESTIONNAIRE

**SCORE**

**790 000** francs.
C'est la somme pour laquelle a été adjugée, à l'hôtel Drouot, une Rolls Royce Phamtom de 1926 qui avait appartenu à Jean Harlow.

**800 000** francs.
Ce serait, selon la Mairie de Paris, le prix auquel serait loué désormais pour un match le Parc des Princes. Les fédérations utilisatrices disposeraient de l'intégralité des ressources publicitaires.

**720** millions de lires (environ 3 millions de francs). C'est la somme que le célèbre constructeur italien Colnago aurait jetée dans la balance pour « acheter » Sean Kelly.

Le Jeu des Grands Lots de plus de 330 millions de DM vous offre une chance unique, une chance encore jamais offerte par une autre loterie!

Vous avez 5 minutes

# GEOGRAPHY
## La Géographie

Il faut battre le fer pendant qu'il est chaud.

Strike while the iron is hot.

## Important Cities

*Paris*, an inland port, is the capital of France and its most populated city. It is the economic and cultural center of the nation and an international fashion center.

*Marseille*, on the Mediterranean, is France's largest seaport and its second largest city.

*Le Havre* is France's chief port on the English Channel and a point of departure for ships bound for North America.

*Lyon*, the third largest city of France, is an important commercial city and the center of the silk industry.

*Lille*, in northeastern France, is a center for cotton and linen fabrics and for industrial machinery.

*Strasbourg* is the center for the Council of Europe. This river port on the Rhine is noted for its "pâté de foie gras" and the astronomical clock in its Gothic cathedral.

*Reims*, the coronation site of the Kings of France, is also noted for its Gothic cathedral and the preparation of champagne.

*Clermont-Ferrand*, located in the heart and of France, is noted for the production of tires.

*Biarritz*, located in the Basque region, is an ocean resort on the Atlantic.

*Bordeaux*, noted for its red wine, is an industrial city at the mouth of the Garonne River.

## Five Important Rivers

The *Seine* is the most navigable and most important commercial river of France. It empties into the English Channel at *Le Havre*.

The *Loire*, the longest river of France, is a famous tourist attraction, due to the charming "châteaux" that adorn its banks.

The *Garonne*, the shortest river of France, is a major source of hydroelectric power.

The *Rhône*, which starts as a glacial stream in Switzerland and flows southward to the Mediterranean, is another important hydroelectric power source.

The *Rhine*, an industrial river in northeast France, is important for shipping to northern Europe. It forms a natural boundary between France and Germany.

> The English Channel is called *la Manche* in French and the Rhine is called *le Rhin*.

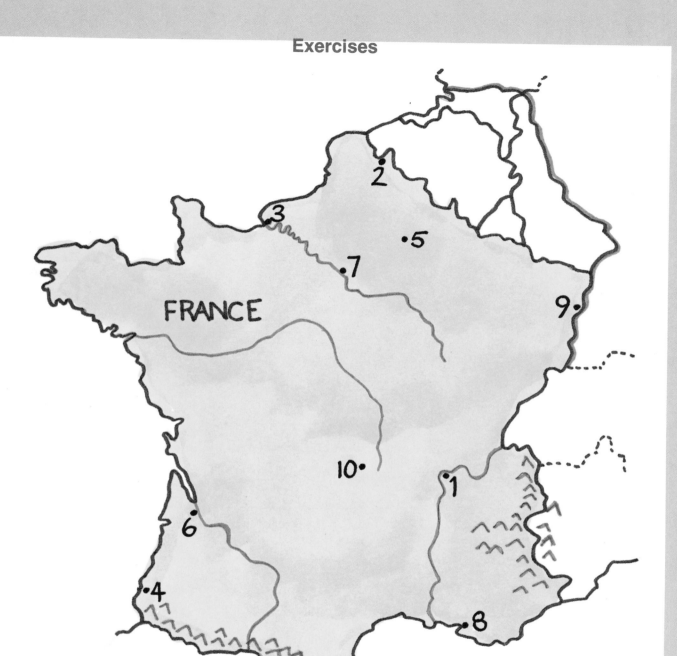

**A** Write the number of each city next to its name.

_____ Biarritz

_____ Clermont-Ferrand

_____ Le Havre

_____ Lille

_____ Lyon

_____ Marseille

_____ Paris

_____ Reims

_____ Strasbourg

_____ Bordeaux

**B**  Identify the cities described in the information below.

1. Ocean resort: _____

2. Cotton and linen fabric center: _____

3. Tire center: _____

4. Silk center: _____

5. Center of the Council of Europe: _____

6. Chief port on the English Channel: _____

7. Most important inland port: _____

8. Coronation site of the kings of France: _____

9. Industrial city on the Garonne River: _____

10. Port on the Mediterranean Sea: _____

**C**  Study the map carefully. Then find the following items.

1. The mountain range separating France from Spain: _____

2. The most important commercial river: _____

3. The ocean bordering France on the west and northwest: _____

4. The country bordering France on the north: _____

5. The longest river of France: _____

**D**  Match Column **B** with Column **A**.

| A | B |
|---|---|
| 1. Reims _____ | a) international fashion center |
| 2. Strasbourg _____ | b) Mediterranean seaport |
| 3. Loire _____ | c) port on the English Channel |
| 4. Biarritz _____ | d) important silk center |
| 5. Clermont-Ferrand _____ | e) cotton and linen center |
| 6. Marseille _____ | f) industrial port on the Rhine |
| 7. Lyon _____ | g) center for champagne |
| 8. Paris _____ | h) tire-producing city |
| 9. Le Havre _____ | i) Basque ocean resort |
| 10. Lille _____ | j) longest river of France |

**E**  Écris le nom de la ville indiquée par l'illustration. *Name the city associated with each picture.*

1. _____

2. _____

3. _____

4. _____

5. _____

**F** Choisis la réponse correcte. *Complete each sentence correctly.*

1. The most populated city of France is....
   a) Lille         b) Paris         c) Rouen         d) Marseille

2. The shortest river of France is the....
   a) Seine         b) Rhône         c) Loire         d) Garonne

3. An Atlantic resort city is....
   a) Biarritz         b) Paris         c) Lyon         d) Strasbourg

4. Lyon is noted for its....
   a) cathedral         b) cotton         c) silk         d) linen

5. France's most navigable river is the....
   a) Garonne         b) Seine         c) Loire         d) Rhône

6. A city located in the center of France is....
   a) Paris         b) Le Havre         c) Clermont-Ferrand         d) Biarritz

7. Switzerland borders France on the....
   a) east         b) north         c) south         d) west

8. Two major sources of hydroelectric power are the Garonne and the....
   a) Seine         b) Loire         c) Rhône         d) Rhin

9. The Pyrénées separate France from....
   a) Germany         b) Poland         c) Italy         d) Spain

10. The Alps separate France from Switzerland and....
    a) Austria         b) Italy         c) Spain         d) Germany

**G** Write in each blank space the answer that makes each statement geographically correct.

France is shaped like a hexagon, a six-sided figure. 1. _____ sides confront the water, and 2. _____ sides have land boundaries. 3. _____ sides form boundaries with other countries. The shortest border is with the country of 4. _____, and the longest is with 5. _____. In addition, two mountain ranges create natural boundaries for France. The 6. _____ Mountains separate France from Spain, whereas the 7. _____, stretching across central Europe, divide France from Italy and Switzerland.

Of the five major rivers only the 8. _____ flows southward. Starting as a glacial stream, it passes through the industrial city of 9. _____ and empties into the Mediterranean 10. _____. The 11. _____ River flows into the English Channel. It is considered France's most 12. _____ river. In Paris, merchandise for transoceanic export is either loaded into barges and shipped to 13. _____, or transported overland to that city. Another busy commercial river is the 14. _____, a natural water border with Germany. Although of minimal value in terms of transportation, the 15. _____ is invaluable as a source of hydroelectric power. It begins in the 16. _____ Mountains and passes through the busy port city of 17. _____. A pleasure cruise down the 18. _____ River offers spectacular views of beautiful historic buildings called 19. _____. At its mouth, one may leave the boat and take a swim in the 20. _____ Ocean.

**H**  Imagine that...

1.  you are a French official trying to convince a group of American business people to establish companies in France. List five cities to which you would take the group, and tell why you would take it there.

_____

_____

_____

_____

_____

_____

_____

_____

_____

2.  your family is taking you on a trip to France. Name six places you would enjoy visiting, and tell what you would like to do or see there.

_____

_____

_____

_____

_____

_____

_____

_____

_____

# Maze

Marie-Josette and Michel are ready to travel. Trace their vacation route to find out where they will be spending the summer. Name their destination in the space provided. List the places they will visit while en route.

Places they'll visit:

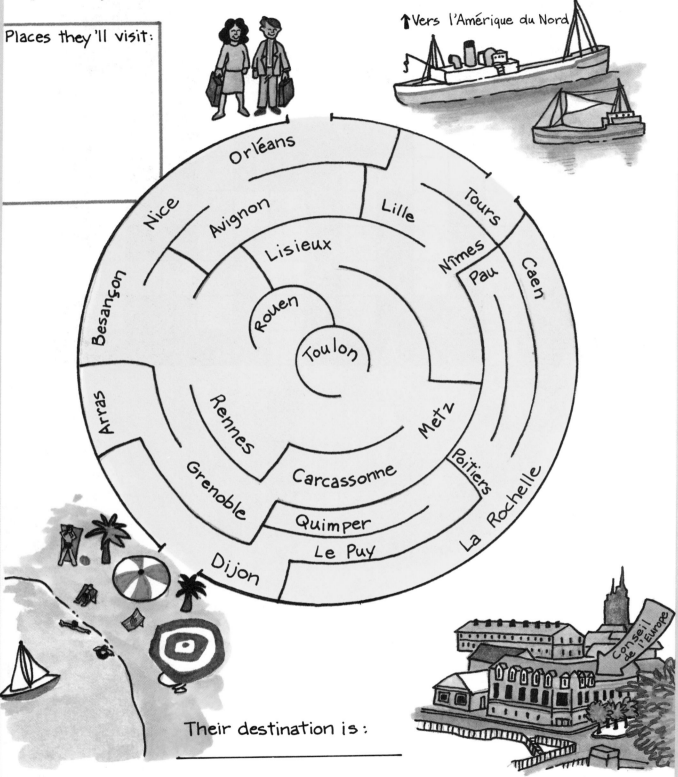

Vers l'Amérique du Nord

Orléans
Nice
Avignon
Lille
Tours
Lisieux
Nîmes
Pau
Caen
Besançon
Rouen
Toulon
Arras
Metz
Rennes
Poitiers
Grenoble
Carcassonne
La Rochelle
Quimper
Le Puy
Dijon

Conseil de l'Europe

Their destination is:
_____

# Mots croisés

**J**

### Vertical

1. City with the astronomical clock.
2. City noted for red wine.
4. Shortest river of France.
5. Port on the English Channel.
6. International fashion center.
7. Most important river of France.
8. Cotton and linen center.

### Horizontal

2. Resort on the Atlantic.
3. Coronation site of kings.
6. Natural boundary between France and Spain.
8. Center of the silk industry.
9. Begins in Switzerland.

Chambord

Chaumont

Chenonceaux

Amboise

Blois

Villandry

Azay-le-Rideau

Valençay

Langeais

Loches

Cheverny

Angers

# CHATEAUX DE LA LOIRE

Le Parisien, c'est un supplément vacances quotidien avec ses 8 pages. Les idées, les nouveautés, les exclusivités bouillonnent : un coup d'œil sur les vacances des stars, des résumés sur les grands romans de l'été, la météo de vos vacances par région, des conseils pratiques au féminin en liaison avec Biba, des jeux, des bandes dessi- nées, et le grand Bingo d'été pour gagner 50 millions de centimes. Décidément au Parisien, c'est pas l'été pour rien...

## le Parisien

1er QUOTIDIEN DE LA RÉGION PARISIENNE.

# ACCUEIL DE LYON

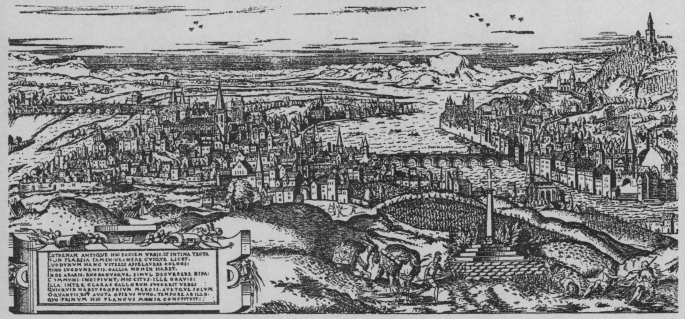

## LA PLUS JEUNE DES PLUS ANCIENNES CITÉS D'EUROPE

# 6 HOUSE
## La Maison

| | |
|---|---|
| Monique: Où habites-tu? | Where do you live? |
| Maryvonne: J'habite dans une maison à Lyon. | I live in a house in Lyon. |
| Yves: Où est le jardin? | Where is the garden (yard)? |
| Olivier: Le jardin est là-bas. | The garden is over there. |
| Florence: Où sont les garages? | Where are the garages? |
| Jean-Paul: Ils sont derrière le jardin. | They are behind the garden. |
| Sophie: Il y a combien de pièces dans ta maison? | How many rooms are there in your house? |
| Guillaume: Il y a cinq pièces. | There are five rooms. |

### Les pièces de la maison

| chambre<br>bedroom | W-C. | chambre<br>bedroom | salon<br>living room |
|---|---|---|---|
| salle de bains<br>bathroom | | | |
| chambre<br>bedroom | | cuisine<br>kitchen | salle à manger<br>dining room |

 Nécessité fait loi.     Necessity is its own law.

1. château

2. maison individuelle

3. résidence, immeuble

4. appartement

5. caravane, roulotte

6. hutte

7. tente

**A**  Écris le français pour chaque pièce.

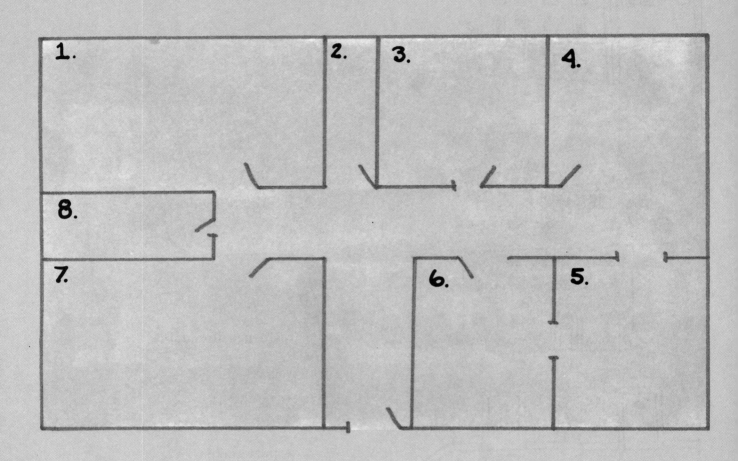

**B**  Complète les phrases.

1.  Je <u>fais la cuisine</u> dans la _____.
       (cook)

2.  Je <u>mange</u> dans la _____.
       (eat)

3.  Je <u>couche</u> dans la _____.
       (lie down)

4.  Je <u>me lave</u> dans la _____.
       (wash)

5.  Je <u>joue</u> dans le _____.
       (play)

6.  Je <u>me distrais</u> dans le _____.
       (relax)

**C**  Choisis la pièce correcte.

1. salle à manger    (bedroom        kitchen      dining room)
2. cuisine           (bathroom       kitchen      bedroom)
3. chambre           (bedroom        bathroom     living room)
4. salle de bains    (bathroom       kitchen      bedroom)
5. salon             (living room    bathroom     dining room)

**D**  In which room would you find (en français, s'il te plaît)...

1. a dining table? _____

2. a refrigerator? _____

3. an alarm clock? _____

4. a piano? _____

5. a shower? _____

**E**  Complète chaque phrase en français.

1. A house towed by a car is a _____.

2. A building housing many families is a _____.

3. An expensive large country house is a _____.

4. Scouts learn how to pitch a _____.

5. The kitchen, bedroom, and bathroom are rooms of the _____.

**F**  Écris les mots correctement. *Unscramble the words.*

1. nomsia _____

2. bramche _____

3. nalso _____

4. inisuce _____

5. abnis _____

MAISON     FAMILLE     AMOUR

**G**    Lis le passage. Complète chaque phrase correctement.

Ma maison est belle. J'habite ici avec ma famille. J'aime ma maison et ma famille. Ma maison a cinq pièces. Le jardin est derrière la maison.

1. Ma maison est . . . .
   a) combien
   b) belle
   c) nouvelle
   d) grande

2. J'habite . . . .
   a) avec mes parents
   b) à Paris
   c) derrière le jardin
   d) dans le garage

3. Derrière la maison est . . . .
   a) le jardin
   b) la maison
   c) la famille
   d) la pièce

4. La maison a . . . pièces.
   a) huit
   b) sept
   c) six
   d) cinq

# Mots croisés

## Vertical

1.  Guests are received in the....
2.  The car's house.
3.  « ... le jardin? » (*Where is*)
4.  Family dwelling.
5.  Where one sleeps.
7.  Where food is prepared.

## Horizontal

4.  "Salle à...."
6.  « ... fait loi. »
8.  One washes oneself in the "salle de...."
9.  One resides here.
10. Outdoor recreational area.
11. Camping shelter.

# PRESTIGE ET TRADITION

# LA MAISON FRANÇAISE

44

# FAMILY
## La Famille

Véronique: Qui est-ce ?
Bertrand: C'est mon <u>frère</u>.

Who is this?
It's my <u>brother</u>.

Jean-Marcel : Qui sont les enfants ?
Anne: Ce sont ma <u>petite-fille</u> et mon <u>petit-fils</u>.

Who are the children?
They're my <u>granddaughter</u> and my <u>grandson</u>.

Françoise: Ce sont tes <u>parents</u> ?
Jacques : Oui, ma <u>mère</u> s'appelle Brigitte, et mon <u>père</u> s'appelle Luc.

Are they your <u>parents</u>?
Yes, my <u>mother</u>'s name is Brigitte, and my <u>father</u>'s name is Luc.

Claire: Denise, Jeanne et Patrice sont soeurs et frère , n'est-ce pas ?
Bernard: Oui, et ce sont aussi mes cousins.

Denise , Jeanne and Patrice are sisters and brother, aren't they?
Yes, and they are also my cousins.

N'oublie pas:
Réunion de famille
Les invités
• grand-père , grand-mère
• Tante Louise et son mari
• Cousine Yvette
• Cousin Étienne
• ma soeur et ses enfants
• André et sa femme
• Catherine et le bébé

Don't forget:
Family Reunion
Guests
• grandfather, grandmother
• Aunt Louise and her husband
• Cousin Yvette
• Cousin Etienne
• my sister and her children
• André and his wife
• Catherine and the baby

Pierre: Où sont tes <u>parents</u> ?
Marie: Mes <u>grands-parents</u> sont à l'intérieur, et mes oncles et mes tantes sont dans le jardin.

Where are your <u>relatives</u>?
My <u>grandparents</u> are inside, and my uncles and aunts are in the garden.

Antoinette: Ta <u>marraine</u> et ton <u>parrain</u>, sont-ils ici?
Paul: Bien sûr. Ma <u>marraine</u> parle avec mes tantes. Mon <u>parrain</u> est sur la terrasse.

Are your <u>godparents</u> here?
Yes, of course. My <u>godmother</u> is speaking with my aunts. My <u>godfather</u> is on the terrace.

Marcelle: Comment s'appellent ton <u>neveu</u> et ta <u>nièce</u>?
Hervé : Mon neveu s'appelle Michel, et ma nièce s'appelle Constance.

What are the names of your <u>nephew</u> and <u>niece</u>?
My <u>nephew</u>'s name is Michel, and my niece's name is Constance.

Annette: Tu es leur <u>oncle</u> unique ?
René : Non, Robert est aussi leur oncle.

Are you their only <u>uncle</u>?
No, Robert is also their uncle.

Tel père, tel fils.

Like father, like son.

la jeune fille — the girl
l'enfant — the child
le garçon — the boy

la fille — the daughter
le fils — the son

la femme — the woman, wife
l'homme — the man

le (m. sing.) = the
la (f. sing.) = the

les (m. & f. pl.) = the

Sophie ——————— Bernard

Étienne ———— Maryvonne ———— Jean-Luc

Olivier    Guillaume    Véronique

# Exercises

**A**   Indicate Véronique's relationship to each family member listed.

Véronique est la {
1. _____ de Guillaume.
2. _____ de Maryvonne.
3. _____ de Bernard.
4. _____ d'Olivier.
5. _____ de Sophie.
6. _____ d'Étienne.
7. _____ de Jean-Luc.

**B**   Fais la même chose pour Maryvonne et Bernard. *Then, do the same thing for Maryvonne and Bernard.*

Maryvonne est la {
1. _____ de Guillaume, d'Olivier et de Véronique.
2. _____ de Jean-Luc.
3. _____ d'Étienne.
4. _____ de Bernard et de Sophie.

Bernard est le {
1. _____ de Véronique, de Guillaume et d'Olivier.
2. _____ d'Étienne et de Maryvonne.
3. _____ de Sophie.

**C**   Qui est-ce? *Who is this?* (En français, s'il te plaît.)

1. Sœur de ma mère: _____

2. Fils de ma tante: _____

3. Père de ma mère: _____

4. Fille de mon frère: _____

5. Père de ma sœur: _____

**D**   Qui suis-je? *Who am I?* (En français, s'il te plaît.)

1. I am your father's son. In other words, I am your _____.

2. I am your niece's mother. In other words, I am your _____.

3. I am your brother's son. In other words, I am your _____.

4. I am your mother's father. In other words, I am your _____.

**E**  Choisis la réponse correcte. *Choose the correct response.*

1. Où sont les grands-parents?
   a) on the bench
   b) in the playpen
   c) in the foreground

2. Où sont les parents?
   a) on the bench
   b) in the playpen
   c) in the foreground

3. Où est l'enfant?
   a) on the bench
   b) in the playpen
   c) in the foreground

**F**  Écris en anglais.

1. Qui est-ce? _____

2. Qui suis-je? _____

3. Qui est le frère? _____

4. Qui arrive? _____

**G**  Complète en français.

1. Qui est le garçon? *(son)*
   C'est mon _____ .
2. Qui est la femme? *(mother)*
   C'est ma _____ .
3. Qui est l'homme? *(uncle)*
   C'est mon _____ .

**H**  Lis le passage. Écris le passage en anglais.

### Ma famille

Ma famille habite[1] à Louvain. Elle n'est ni grande ni[2] petite. Il y a quatre personnes. Mon frère a quinze ans, et j'ai onze ans. Mes parents sont professeurs. Nous habitons dans une jolie[3] maison.

_____

_____

_____

_____

_____

[1]**habiter** = to live, reside    [2]**ne**...**ni**...**ni** = neither...nor    [3]**jolie** = pretty

# MON FILS EST SOURD

Il faut savoir - et admettre - assez tôt qu'un enfant
n'entend pas, pour l'aider efficacement

Quelle est ta profession?
Je suis <u>acteur</u>.
Que fais-tu?
Je suis <u>actrice</u>.

What is your profession?
I'm an <u>actor</u>.
What do you do (for a living)?
I am an actress.

artiste (m.?f.) = artist
professeur (m.) = teacher (man or woman)
médecin (m.) = physician (man or woman)
commerçant = storekeeper
commerçante = storekeeper
facteur (m.) = letter carrier

Bureau de placement Acme
On cherche:

charpentier (m.)      plombier (m.)
cuisinier, -ière      électricien (m.)
infirmier, -ière      mécanicien, -ienne
fermier, -ière        musicien, -ienne

Emploi garanti

Tel. 12-59-43

Acme Employment Agency
Wanted:

carpenter      plumber
cook           electrician
nurse          mechanic
farmer         musician

Work guaranteed

Tel. 12-59-43

 À force de forger on
devient forgeron.

Practice makes perfect.

## Exercises

**A** Number in order the professions or trades as your teacher recites them.

le facteur _____            la musicienne _____

le médecin _____            l'artiste _____

le commerçant _____         le plombier _____

la cuisinière _____         le professeur _____

le fermier _____            le charpentier _____

**B** Qui travaille ici? *Who works here?*

1. Restaurant: _____

2. Wood shop: _____

3. Post office: _____

4. School: _____

5. Garage: _____

6. Dairy barn: _____

7. Stage: _____

8. Hospital: _____

9. Sales office: _____

10. Studio: _____

**C** Écris les mots correctement.

1. ruteca _____

2. dicemén _____

3. ratcuef _____

4. tarseti _____

5. birepoml _____

**D** Write the sentences in English. Look first, then take a good guess.

1. Ma mère est interprète.

   _____

2. Elle parle allemand et espagnol.

   _____

3. Mon père est musicien.

   _____

4. Il joue de la flûte.

   _____

5. Ma cousine est politicienne.

   _____

6. Elle fait un discours.

   _____

7. Mon cousin est cuisinier.

   _____

8. Il prépare la cuisine.

   _____

**E** Guess who... (En français, s'il te plaît.)

1. "Le _____" instructs classes.
2. "Le _____" checks for faulty wiring.
3. "Le _____" installs water pipes.
4. "L' _____" paints portraits.
5. "La _____" plants and harvests.
6. "L' _____ *(m.)* ___" assists the physician with patients.
7. "La _____" plays in a symphony orchestra.
8. "Le _____" manages a company.
9. "Le _____" delivers mail.
10. "Le _____" repairs machinery.

**F** Écris la profession ou le métier convenable pour chaque illustration.

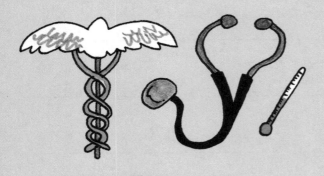

1.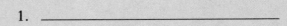

2.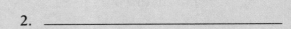

3.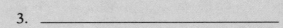

4.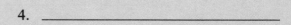

5.

# Faculté des Sciences
## RÉSULTATS DES EXAMENS

# 9

# FOOD
## La Nourriture

| | |
|---|---|
| Qu'est-ce qu'il y a à manger? | What are we having to eat? |
| Il y a de la salade. | We're having salad. |
| As-tu faim? | Are you hungry? |
| Oui. J'ai faim. | Yes. I'm hungry. |
| As-tu soif? | Are you thirsty? |
| Non. Je n'ai pas soif. | No. I'm not thirsty. |

### L'Épicerie de Patrice
#### vente de boissons

### Patrick's Grocery
#### beverage sale

| | |
|---|---|
| FF 15,00 café "caribe" (½ kg) | "Caribe" coffee (½ kg) FF 15.00 |
| 7,00 thé (½ kg) | Tea (½ kg) 7.00 |
| 3,00 lait (1 litre) | milk (1 liter) 3.00 |
| 6,00 chocolat en poudre | chocolate powder mix 6.00 |
| 5,00 eau minérale (2 litres) | mineral water (2 liters) 5.00 |
| 6,50 jus de fruit (en boîte) | fruit juice (can) 6.50 |

### Le Coin de Jeannette
#### cuisine régionale

### Joanie's Corner
#### regional food

**Menu du jour — Vendredi**

Petit déjeuner
FB 10,00  1. "Européen" avec jus
FB 20,00  2. "Fermier"
 Deux oeufs, jambon
 ou saucisson, pain
 grillé, pommes de
 terre rôties, boisson
Un bon prix!

**Menu of the Day — Friday**

Breakfast
1. "Continental" with juice  FB 10.00
2. "Farmer"  FB 20.00
 Two eggs, ham
 or sausage, toast,
 roast potatoes,
 beverage
 A real bargain!

 L'appétit vient en mangeant.

The more you have, the more you want.

orange
poire
ananas
pomme
banane
FRUITS

Liste d'achats Shopping List

| | |
|---|---|
| épinards | spinach |
| bifteck | steak |
| biscuits | cookies |
| pommes de terre | potatoes |
| tomates | tomatoes |
| poulet | chicken |
| fromage | cheese |
| pain | bread |
| pudding | pudding |
| glace | ice cream |

breakfast = petit déjeuner
lunch, midday main meal } déjeuner

supper (light) = souper
supper (main meal) = dîner

"Bon appétit!" — a wish on the part of a friend or host that all the guests may enjoy the meal and eat heartily

le poivre — pepper
le sel — salt
le vase — vase
le beurre — butter
le verre — glass
la tasse — cup
la soucoupe — saucer
la serviette — napkin
l'assiette — plate
le sucre — sugar
la fourchette — fork
le couteau — knife
la cuiller à café — teaspoon
la nappe — tablecloth
la cuiller — spoon
la table — table

# Specialties of France

*Escargots* — snails prepared with a butter mixture, covered with bread crumbs and baked

*Coq au Vin* — chicken cooked in a skillet with wine, chicken broth, onions, mushrooms, and spices, and served with potatoes

*Canard à l'Orange* — roast duck flavored with orange marmalade, vinegar, and soy sauce

*Pâté de Foie Gras* — pork and goose liver pâté; specialty of Strasbourg

*Quiche Lorraine* — egg custard pastry filled with bacon, onions, and cheese; specialty of Lorraine

*Crêpes Suzette* — thin pancakes folded in quarters, served with a flaming sauce of orange juice and sweetened spirits

*Éclair* — long puff pastry filled with cream or custard and covered with icing

*Pot au Feu* — beef soup of vegetables and bouillon

*French Onion Soup* — light golden soup made with consommé, onions, and grated cheese

*Bouillabaisse* — chowder of various kinds of fish, shellfish and spices, served in a bread-lined soup tureen; specialty of Marseille

# Exercises

**A** Écris le mot français pour chaque objet.

1. _____

2. _____

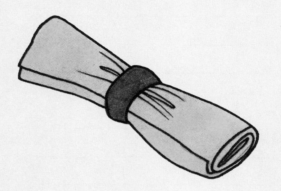

3. _____

4. _____

5. _____

6. _____

**B** Complète chaque phrase en anglais.

1. Two celebrated poultry dishes are _____ and

   _____.

2. The principal ingredients of "bouillabaisse" are _____

   and _____.

3. "Pâté de foie gras" is a specialty of the city of _____.

4. The general manner of cooking snails is _____.

5. A dish consisting of flaming pancakes is _____.

**C** Write three items for each of the following categories.

| meat | beverages |
| --- | --- |
| 1. _____ | 1. _____ |
| 2. _____ | 2. _____ |
| 3. _____ | 3. _____ |

| vegetables | fruits |
| --- | --- |
| 1. _____ | 1. _____ |
| 2. _____ | 2. _____ |
| 3. _____ | 3. _____ |

| dairy products | desserts |
| --- | --- |
| 1. _____ | 1. _____ |
| 2. _____ | 2. _____ |
| 3. _____ | 3. _____ |

**D**

## Projects

Answer 1 or 2 *and* 3 or 4.

1. You are opening a restaurant in France. From your food list prepare a menu for lunch and dinner. At least three dishes for each meal should be offered. Specialty dishes may be used.
2. Prepare a poster from magazine pictures. Show a balanced breakfast and a balanced dinner. Label each food item with its French name.
3. Prepare fifteen different flashcards with a picture of a food item on one side and its French name on the other.
4. List in French fifteen words that name a food item. Then scramble each word. These can be used in classroom games.
   EXAMPLE:  LAIT     = TAIL
   SALADE = DAELSA

# Mots croisés

**E**

## Vertical

1. Regional dish from Lorraine.
2. « J'ai... (*hungry*). »
3. ''canard....''
5. Vegetable beef soup.
6. Puffy, iced, cream pastries.
8. Served ''à l'orange.''
10. Crepes served with an orange sauce.
11. « Bon...! »
12. Thin pancakes.

## Horizontal

4. Fisherman's chowder.
5. Liver delicacy.
7. ...onion soup.
9. Breaded baked snails.
12. Popular beverage.
13. Principal ingredient of French onion soup (*in the singular*).
14. Necessary to make tea or coffee.

Du caractère, de l'audace, de la fougue, une personnalité très singulière, les Petits Amis ont le goût des sensations fortes jusqu'à la passion.

Parce qu'après les Petits Amis, seule la passion a encore du goût.

*Munster, les Petits Amis.*

FRUITS ROSES

LÉGUMES-FRUITS

FRUITS DU VERGER

ORANGE

POMME

RAISINS

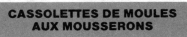

CASSOLETTES DE MOULES AUX MOUSSERONS

STIFADO

FIGUES FRAÎCHES EN PAPILLOTES

# 10

# ART
## L'Art

### Three Great Artists

Jacques Louis David (1748–1825) was born in Paris and studied art under François Boucher. After winning the Prix de Rome in 1775, he was painter to the court of Louis XVI. Napoleon also recognized David's talent and appointed him his court painter. This appointment was surprising because David had opposed Napoleon and had supported the republic. The clear line, chiseled form, and classical themes soon established David the leader of the French neoclassical school. His masterpiece *The Death of Socrates* is an example of his neoclassical style.

Eugène Delacroix (1798–1863) was born near Paris. He studied art in the capital under Pierre Guérin. Delacroix believed that the neoclassists had removed feeling from art, making it as cold and as barren as a petrified forest. To remedy this situation, Delacroix and his romantic school of painters used the flowing line to show motion, coloration and tone to portray feeling, and color contrasts to produce vitality. Delacroix believed that a painting must not only be viewed, it must be felt. *Fantasia arabe* is a masterpiece of this artist's.

Édouard Manet (1832–83) was born in Paris and studied art under Thomas Couture. He was one of the founders of the French school of impressionism and one of its best artists. He believed that the painting should create an impression on the viewer. This impression then becomes the viewer's real impression. This type of art uses ghost effect, blending and merging of color, and the joining of background with foreground. *The Croquet Match* and *On the Beach*, two masterpieces of Manet's, are striking examples of this style of art.

 Autres temps, autres mœurs.     Different times, different styles.

*The Death of Socrates* (1787)
by Jacques Louis David
The Metropolitan Museum of Art, New York
(Wolfe Fund, 1931.
Catharine Lorillard Wolfe Collection.)

*Fantasia arabe* (1853)
by Eugène Delacroix
Städelsches Kunstinstitut, Frankfurt

*The Croquet Match* (1873)
by Édouard Manet
Städelsches Kunstinstitut, Frankfurt

*On the Beach* (1873)
by Édouard Manet
Cliché des Musées Nationaux, Paris

## Exercises

**A**  Name the picture that shows:

1. people playing an outdoor game. _____

2. a man surrounded by many people. _____

3. a man watching a horseman charge by. _____

**B**  Name the French artist whose works reveal:

1. a clear line and classical themes. _____

2. the flowing line and contrasting color. _____

3. a shadow or ghost effect. _____

4. coloration and tone to portray feeling. _____

5. a blending and merging of color. _____

**C**  Match column B with column A.

|  | **A** |  | **B** |
|---|---|---|---|
| 1. | Paris _____ | a) | outstanding romantic painting |
| 2. | *Death of Socrates* _____ | b) | background absorbing foreground |
| 3. | Delacroix _____ | c) | birthplace of David |
| 4. | French impressionist _____ | d) | masterpiece of David |
| 5. | *Fantasia arabe* _____ | e) | Édouard Manet |
| 6. | A technique of impressionists' _____ | f) | French romantic artist |

**D**  Complete the analogies.

1. _____ : classicism = Delacroix: romanticism

2. David: straight line = Delacroix: _____ line

3. the impression: _____ = reality: David

4. emotion: _____ = form: David

**E**   Match the name with the illustration.

Delacroix

Manet

David

**F**  Which artist would most likely be:

1.  observing a plastic-covered flower vase? _____

2.  painting a firm, noble, and dignified face? _____

3.  showing pain in the face of a lost child? _____

**G**  In your opinion,

1.  whose representations are as strong as the people they portray?

_____

2.  whose paintings illustrate what seems to be happening?

_____

3.  whose paintings reveal how his characters feel?

_____

**H**  Which of the paintings in this unit do you like the best? _____

Who painted this masterpiece? _____

State in your own words what the picture is about and why you like it.

_____

_____

_____

_____

_____

_____

_____

**I**  Complète avec les mots qui manquent.

1.  _____ was one of the founders of impressionism.

2.  _____ was a court painter.

3.  Delacroix believed that art should portray _____.

**HENRI MATISSE**

![Pablo Picasso]

**PABLO PICASSO**

La statue du
« Conquérant » à Falaise.

# Tinguely :
# le rire des
# machines

*Débris-collages,
crânes blancs et
ferrailles noires :
une exposition unique.
Mais à Venise.*

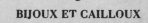

**BIJOUX ET CAILLOUX**

*Bijoux de Valérie Bertoux*

**Vigud à Clermont-Ferrand** *L'art chinois
à Grenoble*

**Tiepolo à Nice**

**Coup de neuf au musée d'Amiens**

*Picasso tenant la sculpture de l'« Orateur », 1939*

# PARTS OF THE BODY
## Les Parties du corps

la tête

le cou

l'épaule

le coude

la poitrine

le bras

l'estomac

la main

la jambe

le genou

le pied

Mains froides, cœur chaud.    Cold hands but warm heart.

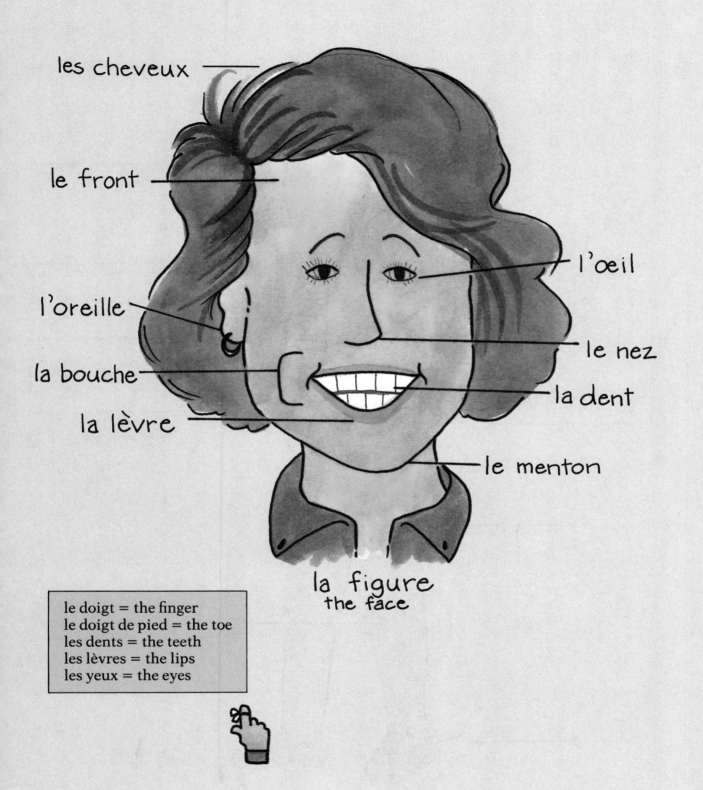

les cheveux

le front

l'oreille

la bouche

la lèvre

l'œil

le nez

la dent

le menton

la figure
the face

le doigt = the finger
le doigt de pied = the toe
les dents = the teeth
les lèvres = the lips
les yeux = the eyes

**A**  Label the parts of the body. (En français, s'il te plaît.)

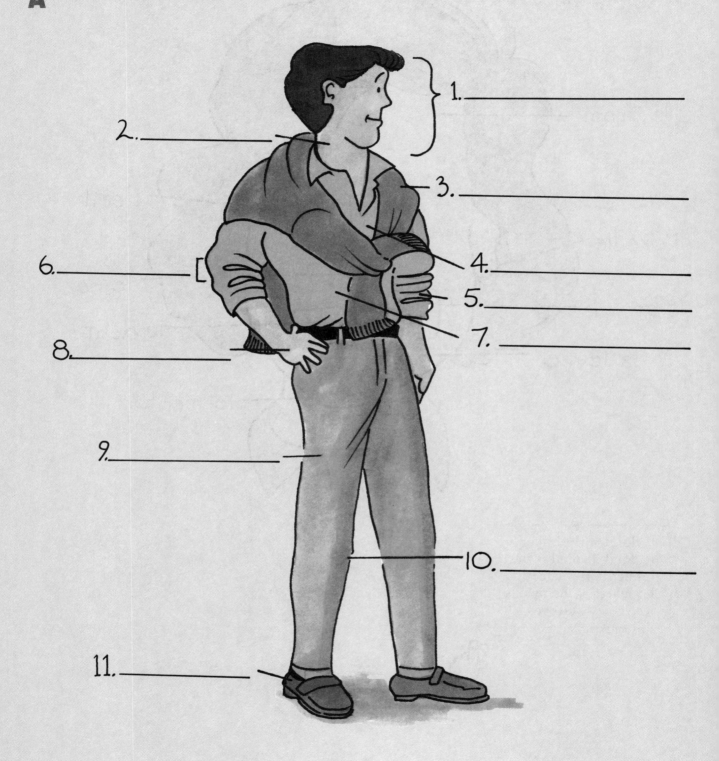

1. _____

2. _____

3. _____

4. _____

5. _____

6. _____

7. _____

8. _____

9. _____

10. _____

11. _____

**B**    Label the parts of the face. (En français, s'il te plaît.)

1._____

2._____

3._____

4._____

5._____

6._____

7._____

8._____

9._____

**C**  Complete the analogies.

1. les lèvres: la bouche = _____ : la tête

2. _____ : le bras = le pied: la jambe

3. le genou: la jambe = _____ : le bras

**D**  Complète chaque phrase en français.

1. We see with our _____.

2. The tongue is the _____.

3. An _____ is necessary for hearing.

4. The pen is held in the _____.

5. The _____ are needed to chew food.

6. The toes are found on the _____.

7. We use the _____ to smell a rose.

8. We play a guitar with our _____.

9. To hurt your funny bone you must strike your _____.

10. If you eat too much, your _____ will hurt.

**E**  Guess the meaning of the underlined verbs.

1. Je <u>sens</u> avec le nez. _____

2. Je <u>vois</u> avec les yeux. _____

3. Je <u>touche</u> avec les doigts. _____

4. J'<u>entends</u> avec les oreilles. _____

5. Je <u>parle</u> avec la bouche. _____

**F**  Name the part of the body associated with each illustration. (En français, s'il te plaît.)

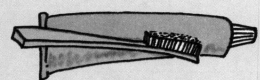

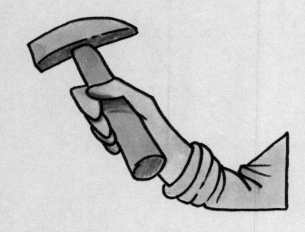

1. _____

2. _____

3. _____

4. _____

5. _____

6. _____

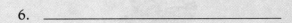

7. _____

8. _____

9. _____

10. _____

**G** Match column B with column A.

**A**

1. main _____
2. pied _____
3. yeux _____
4. nez _____
5. oreilles _____
6. estomac _____
7. bouche _____
8. bras _____
9. tête _____
10. doigts _____

**B**

a) running
b) smelling
c) carrying
d) listening
e) seeing
f) thinking
g) digesting
h) writing
i) touching
j) speaking

**H** Lis le passage. Choisis les réponses applicables.

Je m'appelle Jeanne-Marie. J'ai dix ans. Je suis fantastique! Avec la tête, je choisis les réponses applicables. Avec la bouche, je parle français. J'écris avec la main, et je marche avec les jambes. Avec les yeux, j'admire les peintures de Manet. Comme je suis fantastique!

1. Jeanne-Marie est . . . .
   a) un homme
   b) une fille
   c) un garçon
   d) une femme

2. Jeanne-Marie a . . . ans.
   a) onze
   b) dix-sept
   c) treize
   d) dix

3. Jeanne-Marie parle avec . . . .
   a) les mains
   b) les jambes
   c) la bouche
   d) les yeux

4. Avec les jambes, Jeanne-Marie . . . .
   a) marche
   b) écrit
   c) admire les peintures de Manet
   d) parle français

5. Comme Jeanne-Marie est . . . !
   a) jolie
   b) fantastique
   c) bonne
   d) belle

# 12

# CLOTHING
## Les Vêtements

Que portes-tu?
Je porte mes nouveaux vêtements.

What are you wearing?
I'm wearing my new clothes.

Evelyne
Vacances d'hiver
la Suisse—janvier

*Air France
Berne*

2 robes de laine
3 chapeaux
3 pyjamas
2 ceintures
3 mouchoirs
2 chandails
  chaussettes
  gants
  pantalon
  chaussures

2 chemisiers
manteau

Evelyne
Winter Vacation
Switzerland—January

*Air France
Bern*

2 woolen dresses
3 hats
3 pairs of pajamas
2 belts
3 handkerchiefs
2 woolen sweaters
  socks
  gloves
  pants
  shoes

2 blouses
overcoat

## La mode par Suzanne
### vêtements d'intérieur et de ville

chemisier

robe

cravate

blouson

robe de
chambre

chemise

costume

jupe

pantoufles

L'habit ne fait pas le moine.

You can't tell a book by its cover.

# Exercises

**A**  Match column B with column A.

| | A | | B |
|---|---|---|---|
| 1. | jupe _____ | a) | handkerchief |
| 2. | vêtements de ville _____ | b) | jacket |
| 3. | pantalon _____ | c) | coat |
| 4. | cravate _____ | d) | necktie |
| 5. | gants _____ | e) | skirt |
| 6. | mouchoir _____ | f) | outer clothing |
| 7. | chandail _____ | g) | trousers |
| 8. | manteau _____ | h) | shoes |
| 9. | chaussures _____ | i) | gloves |
| 10. | blouson _____ | j) | sweater |

**B**  Que portes-tu...? (En français, s'il te plaît.)

1. to school _____

2. to a symphony concert _____

3. to bed _____

4. in cool weather _____

5. in cold weather _____

**C**  Complete the analogies.

1. gants : mains = _____ : pieds

2. _____ : jupe = chemise : pantalon

3. robe de chambre : pyjama = manteau : _____

4. cravate : chemise = _____ : pantalon

**D**  Complète chaque phrase selon l'illustration.

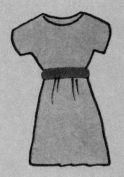

1. Je porte une _____.

2. Je porte un _____.

3. Je porte une _____.

4. Je porte une _____ et
   un _____ .

5. Je porte une _____
   et une _____.

**E**  Écris les mots en anglais.

1. porter _____

2.  il / elle porte _____

3. je porte _____

4. tu portes _____

**F**  Complète en anglais.

1. A "chapeau" is worn on the _____.

2. A "ceinture" is worn around one's _____.

3. One wears a "pyjama" to _____.

4. A "jupe" is usually worn with a _____.

5. A "chaussure" is worn on a _____.

**G**  List the required number of items for each category. (En français, s'il te plaît.)

**outerwear (5)**

_____

_____

_____

_____

_____

**accessories (3)**

_____

_____

_____

**footwear (3)**

_____

_____

_____

**sleepwear (1)**

_____

**H** Lis le passage. Choisis les réponses applicables.

Ce soir tu vas à l'opéra. Tes parents vont avec toi. Tu portes une robe très élégante. Parce qu'il fait froid, tu portes des gants et un manteau.

1. Qui va à l'opéra?
   a) tes parents et toi
   b) toute la classe
   c) ce soir

2. Que portes-tu?
   a) l'opéra
   b) une robe
   c) parents

3. Comment est la robe?
   a) belle
   b) grande
   c) élégante

4. Que portes-tu avec ton manteau?
   a) un chapeau
   b) une jupe
   c) des gants

# Mots croisés

### Vertical

1. Pair of slacks.
2. Handled with kid "...."
3. Sometimes dropped to begin a duel.
4. What a suitor wears on a date.
7. « L'... ne fait pas le moine. »

### Horizontal

1. Customary sleepwear.
3. Worn in cold weather.
4. A fool talks through his "...."
5. « Je... un chemisier. »
6. "... de chambre."
8. Neck garment.
9. Often worn with a blouse.
10. All things worn to keep in good health.

# BERGERE DE FRANCE

BON POUR RECEVOIR
GRATUITEMENT LE LIVRE-TRICOTS 87/88

BT

100 modèles à regarder ! 400 échantillons à toucher !

NOM
Prénom

Adresse

Commune

Code postal        Bureau distributeur

**BERGÈRE DE FRANCE 55020 BAR LE DUC CEDEX**

Pour donner du pep' à une coiffure sage, un charmant béret en panne de velours noire piqué d'un petit bouquet éclatant. Existe aussi en marine (Claudie Pierlot, 200 F). MC 0947.

LA COULEUR

Fuchsia. Presque une robe : un ensemble près du corps en fin jersey de laine, pull galbé par des pinces, col montant, jupe droite (Irena Gregori pour Tehen, 595 F et 430 F). MC 0929.

# TIME AND COLORS
## L'Heure et les Couleurs

Quelle heure est-il?
À quelle heure...?

What time is it?
At what time...?

Il est une heure et demie.

Il est dix heures
moins le quart.

Il est trois heures.

Il est midi.

Il est sept heures
et quart.

Il est minuit.

Il est deux heures cinq.

Il est midi moins cinq.

Transportation in Europe operates on official time, which is on a twenty-four hour basis. Official time is often used by schools, radio and television stations, theaters and movie theaters.

Mieux vaut tard que jamais.          Better late than never.

86

De quelle couleur est...?
Il } est...
Elle

De quelle couleur sont...?
Ils } sont..
Elles

What color is...?
It is...

What color are...?
They are...

**A** Listen as your teacher indicates a time. Find the clock that shows that time and label it number 1. Then your teacher will express another time. Mark the clock expressing that time number 2. Continue until all clocks are numbered.

**B** Complète chaque phrase en français.

1. Light red is called _____.

2. A "forget-me-not" is _____.

3. An overripe banana is _____.

4. Lemons and dandelions are _____.

5. A leaf in the summer is _____.

6. A chimney sweep is covered with _____ soot.

7. A fruit gives its name to this color: _____.

8. A healthy elephant is _____.

9. A _____ elephant is always found at this type of sale.

10. "_____ in the morning, sailors take warning.

_____ at night, sailors' delight."

**C** Écris en français.

1. At seven o'clock. _____ .

2. It's half past one. _____ .

3. At 7:10. _____ .

4. It's 2:40. _____ .

5. At twenty after three. _____ .

**D** De quelle couleur sont-ils?

|  **A** | | **B** |
|---|---|---|
| 1. Hearts and tomatoes _____ | | a) jaunes |
| 2. Frogs and grass _____ | | b) gris |
| 3. Lemons and corn _____ | | c) bleus |
| 4. Elephants and rain clouds _____ | | d) rouges |
| 5. Forget-me-nots and | | e) vertes |
| robins' eggs _____ | | |

**E** Lis le passage. Choisis les réponses applicables.

Danielle va[1] au bal avec son ami Bernard. Ils aiment[2] danser. Ils aiment la musique classique et moderne. Danielle porte une robe blanche et rouge. Le costume de Bernard est bleu. Le bal commence à 19 h et finit à 22 h 30.

1. Comment s'appelle la jeune fille?
   a) Bernard                          b) Danielle

2. Comment s'appelle le garçon?
   a) Bernard                          b) Danielle

3. Où vont Danielle et Bernard?
   a) au bal                           b) au concert
   c) au cinéma                        d) au jardin

4. Quelle est la couleur du costume de Bernard?
   a) gris                             b) blanc
   c) bleu                             d) rouge

5. À quelle heure finit le bal?
   a) à 18 h 30                        b) à 19 h 30
   c) à 20 h 30                        d) à 22 h 30

[1]**va** = is going      [2]**aiment** = like

# Il est 8h.

**F** Color the clock according to the directions.

1. Color the "nez"   ROUGE.
2. Color the "yeux"   BLEU.
3. Color the "cheveux"   VERT.
4. Color the "figure"   ORANGE.
5. Color the "bouche"   ROSE.
6. Color the 7 "pied"   NOIR.

7. Color the "quatre"   GRIS.
8. Color the "six"   VIOLET.
9. Color the "trois"   ROUGE.
10. Color the *I*   BLANC.
11. Color the *h*   BRUN.
12. Color the *s*   JAUNE.

## À 200 m
### UNE SECONDE RESTE UNE SECONDE

FORMULA 1 : Étanchéité 200 m
Boîtier acier + fibre de verre
Mouvement quartz suisse
Lunette unidirectionnelle
6 Coloris

Ref.
384.513

Ref.
380.513

**AURICOSTE**
(1) 40 59 06 36

TECHNIQUES D'AVANT-GARDE

TAG HEUER

Azalée

Fuchsia

Clématite

Nymphéa

ROLEX SUBMARINER DATE. CHRONOMÈTRE EN OR 18CT. EGALEMENT DISPONIBLE EN ACIER ET OR JAUNE 18CT. OU EN ACIER.

# MUSIC
## La Musique

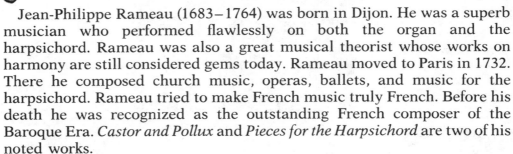

### Three Great Musicians

Jean-Philippe Rameau (1683–1764) was born in Dijon. He was a superb musician who performed flawlessly on both the organ and the harpsichord. Rameau was also a great musical theorist whose works on harmony are still considered gems today. Rameau moved to Paris in 1732. There he composed church music, operas, ballets, and music for the harpsichord. Rameau tried to make French music truly French. Before his death he was recognized as the outstanding French composer of the Baroque Era. *Castor and Pollux* and *Pieces for the Harpsichord* are two of his noted works.

Georges Bizet (1838–75) was born in Paris, where his musical career began at the age of six. He entered the Paris Conservatory of Music at nine. At nineteen he won the Prix de Rome award. Bizet's opera *Carmen* is considered the best opera ever written by a French composer. It is exciting, dramatic, and colorful. The lack of immediate recognition of this work in his country caused Bizet sorrow and illness. He died at thirty-seven.

Maurice Ravel (1875–1937) was born in Ciboure. Like many of the composers of his time, Ravel used the folk music of France and its neighboring countries as the basis for his musical masterpieces. He used the large orchestra effectively to give life and color to his music. Ravel used different sounds to create different impressions. This is called impressionism. Besides his operas, ballets, and orchestral pieces, this brilliant composer wrote chamber music, piano works, and vocal pieces. Ravel died in Paris in 1937. *The Spanish Hour*, *Daphnis and Chloé*, and *The Waltz* are three of his works.

 C'est le ton qui fait la chanson. It's the manner that shows the intent.

# Exercises

**A**  Give the full name of the composer who:

1. used the large orchestra to enliven his music. _____

2. tried to make French music really French. _____

3. wrote a very famous opera. _____

**B**  Match column B with column A.

| **A** | **B** |
|---|---|
| 1. *Carmen* _____ | a) work by Ravel |
| 2. *Castor and Pollux* _____ | b) died disappointed |
| 3. *The Waltz* _____ | c) work by Rameau |
| 4. Rameau _____ | d) opera by Bizet |
| 5. Bizet _____ | e) great musical theorist |

**C**  Complete the analogies.

1. *The Waltz* : _____ = *Castor and Pollux* : Rameau

2. _____ : Bizet = *The Spanish Hour* : Ravel

3. Georges : _____ = Maurice : Ravel

4. church music : _____ = opera : Bizet

5. Dijon : Rameau = _____ : Ravel

**D**  Answer the following questions correctly.

1. Who wrote the best French opera? _____

2. What was one of Rameau's favorite instruments? _____

3. What was the name of the award that Bizet won? _____

4. What is a musical work of Rameau's? _____

5. Who tried to keep French music truly French? _____

**E**  Écris les noms correctement.

1. ROGEEGS _____

2. CAUMEIR _____

3. TIZBE _____

4. LARVE _____

5. MAUEAR _____

**F** Match the name with the illustration.

Bizet

Ravel

Rameau

# Mots croisés

**G**

**Vertical**

2. Best French opera.
4. Utilized entirely by Ravel.
8. Birthplace of Rameau.

**Horizontal**

1. First name of impressionist composer.
3. Rameau wrote books about . . . .
5. Birthplace of Ravel.
6. First part of first name of Baroque composer.
7. Composer of *Carmen.*
9. Birthplace of Bizet.
10. The Prix de . . . was awarded to Bizet.

## MUSIQUE DANS L'ORNE

« Septembre Musical de l'Orne », se déroulera du 12 au 20, dans les beaux lieux de la région. Un beau programme dont les vedettes ont nom : Paul Tortelier, Jean-Pierre Wallez, Bruno Rigutto, Maurice André et la Schola Cantorum d'Oxford pour célébrer comme il se doit le 9e centenaire de Guillaume le Conquérant !

Ce soir Placido Domingo chantera à Louksor l'*Aïda* de Verdi pour un parterre de célébrités et pour 1 200 sphinx : une idée folle d'un homme d'affaires égyptien qui fait écho après cent seize ans à celle d'un khédive mélomane. A quand *Turandot* sur la Grande Muraille, *Butterfly* au flanc du Fuji et *Carmen* sur les remparts de Séville ?

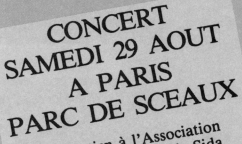

LES FEUILLES MORTES

6256    LAPLACE    ①

## Quel temps fait-il?          How's the weather?

Il fait beau.          Comme ci, comme ça.          Il fait mauvais.

Il fait du soleil.    It's sunny.      Il fait frais.      It's cool.      Il fait froid.      It's cold.
Il fait chaud.        It's warm        Il fait du vent.    It's windy.     Il y a des éclairs.  It's lightning.
                      (hot).           Il fait humide.     It's humid.     Il neige.           It's snowing.
                                       Le temps est        It's overcast.  Il y a du tonnerre.  It's thundering.
                                       couvert.                            Il pleut.           It's raining.

## Quelle est la saison?          What's the season?
## C'est...                        It's ....

Les quatre saisons

le printemps

l'automne

l'hiver

l'été

 Use "au" before "printemps" and "en" before the other seasons to express English "in" + season(s).

 Après la pluie, le beau temps.          Every cloud has a silver lining.

## Exercises

**A**   Match the sentence with the illustration.

1. _____ a) Il fait du soleil.

2. _____ b) Il y a des éclairs.

3. _____ c) Il pleut.

4. _____ d) Il fait du vent.

5. _____ e) Il fait froid.

**B**  Quel temps fait-il? Réponds à la question en français.

1. _____

2. _____

3. _____

4. _____

5. _____

**C**  Match the season with the illustration.

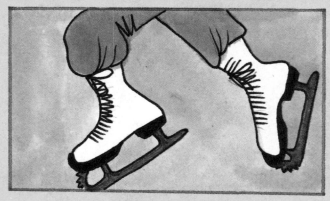

1. _____ a) été

2. _____ b) hiver

3. _____ c) printemps

4. _____ d) automne

**D** Match the verbs with the nouns.

| A | B |
|---|---|
| *(Nouns)* | *(Verbs)* |
| 1. pluie _____ | a) neiger |
| 2. neige _____ | b) avoir des éclairs |
| 3. tonnerre _____ | c) faire du soleil |
| 4. éclair _____ | d) pleuvoir |
| 5. soleil _____ | e) avoir du tonnerre |

**E** Write in **Column 1** the English meaning of the words at the left. When you have finished the entire column, cover the column of words at the left, and in **Column 2** change the English words into French.

| | | **Column 1** | **Column 2** |
|---|---|---|---|
| | | *(English)* | *(French)* |
| 1. | soleil | | |
| 2. | éclairs | | |
| 3. | printemps | | |
| 4. | été | | |
| 5. | temps | | |
| 6. | automne | | |
| 7. | saison | | |
| 8. | frais | | |
| 9. | chaud | | |
| 10. | Il pleut. | | |
| 11. | hiver | | |
| 12. | mauvais | | |
| 13. | tonnerre | | |
| 14. | froid | | |

**F**  Quel temps fait-il? *Using the cue at the left, write a statement about the weather.* (En français, s'il te plaît.)

1. (Rain, wind, and hail) _____.

2. (Outdoor tennis court) _____.

3. (Sailboat) _____.

4. (Cardigan sweater) _____.

5. (Air conditioner) _____.

6. (Lightning bolts) _____.

7. (Snowflakes) _____.

8. (Sunglasses) _____.

9. (Umbrella) _____.

10. (Mittens and parka) _____.

**G**  Lis le passage. Choisis les réponses applicables.

### Les Quatre Saisons

En hiver, il fait très froid. Tout le monde fait du ski. Au printemps, il fait frais et il pleut beaucoup. Il fait chaud en été et il fait du soleil. En automne, il fait du vent et il fait frais aussi. Les quatre saisons sont fantastiques.

1. En hiver . . .
   a) il fait mauvais
   b) il y a du tonnerre
   c) il fait froid
   d) il fait chaud

2. Il pleut beaucoup . . .
   a) en hiver
   b) en éte
   c) au printemps
   d) en automne

3. En été . . .
   a) il fait beau
   b) il fait frais
   c) il y a des éclairs
   d) il neige

4. L'automne est une . . .
   a) pluie
   b) neige
   c) couleur
   d) saison

# Mots croisés

**H**

### Vertical

1. Sunbathing can be dangerous when it's "...."
3. Opposite of "beau."
4. « Il fait ... »
6. Celestial explosions.
7. Accompany thunder.
10. Somewhat "froid."
12. Opposite of summer.
13. Needed to fly kites.
14. "Il ..." cats and dogs.

### Horizontal

2. « Les quatre... »
5. The "..." is the baseball season.
8. Halloween occurs in " .... "
9. Opposite of "froid."
11. Much colder than "frais."
14. Season of new growth.
15. Light of the day.
16. « Quel... fait-il? »

# MÉTÉO

la station météo du Mans communique :

Une erreur de transmission nous a fait publier, dans notre édition d'hier, un bulletin erroné ne correspondant pas aux prévisions. Nous prions nos lecteurs de bien vouloir nous excuser.

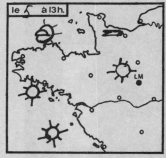

le 🔽 à 13 h.

- ⎯⎯ faible à modéré ⎯⎯ fort
- ⎯⎯ tempête 🌀 averse 💧💧 pluie
- ▨ couvert ⚡ orage ☀ ensoleillé
- ☁ nuageux ⎯⎯ brumeux ❅ neige
    éclaircies

● **AUJOURD'HUI**

Après dissipation de quelques brumes matinales, persistance du beau temps chaud et ensoleillé. Vent variable faible. Température maxima : 27 à 29°.

● **OBSERVATIONS D'HIER**

Température minimale sous abri : + 9°8 ; au sol : + 7°.
Température maximale sous abri : + 27°.
Température dans le sol à 18 heures :
- à 0,20 m : + 26°9.
- à 0,50 m : + 21°8.
- à 1 m : + 21°.
Pression barométrique à 18 heures au niveau de la mer : 765,2 mm ; 1020,2 mb ; tendance : en faible baisse.
Vent dominant : variable faible.
Pluie (18 h à 18 h) : néant.

● **TENDANCE GÉNÉRALE AUJOURD'HUI**

Persistance du beau temps, plus nuageux sur les côtes de la Manche et de Normandie. Vent variable faible. Températures maxima en hausse.

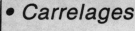
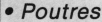
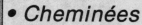

# DAYS AND MONTHS
## Les Jours et les Mois

Quel jour est-ce?
C'est...

What day is today?
Today is....

| Monday lundi | mardi | mercredi | jeudi | vendredi | samedi | dimanche |
|---|---|---|---|---|---|---|
| | 1 | 2 | 3 | 4 | 5 | 6 |
| 7 | 8 | 9 | 10 | 11 | 12 | 13 |
| 14 | 15 | 16 | 17 | 18 | 19 | 20 |
| 21 | 22 | 23 | 24 | 25 | 26 | 27 |
| 28 | 29 | 30 | 31 | | | |

Quelle est la date aujourd'hui?
C'est le premier mai.
le quatorze juillet.
le vingt-cinq novembre.
26-4-88.

What is the date today?
It's May first.
July 14.
November 25.
4-26-88.

avril
mai
juin

octobre
novembre
décembre

janvier
février
mars

juillet
août
septembre

 Ne remettez pas au lendemain
ce que vous pouvez faire aujourd'hui.

Never put off until tomorrow
what you can do today.

## Cahier de Jacques
Apprends pour l'examen d'anglais:

1. tomorrow (mon anniversaire)
2. the day after tomorrow
3. yesterday
4. the day before yesterday
5. the day
6. the holiday; party (bravo!)
7. the school day
8. the birthday (demain)
9. the week
10. the weekend (ma vie!)
11. the month

## Jacque's notebook
Learn for English Test:

1. demain
2. après-demain
3. hier
4. avant-hier
5. le jour
6. la fête
7. le jour de classe
8. l'anniversaire
9. la semaine
10. la fin de semaine, le week-end
11. le mois

## Weekdays and Mythology

### Derivations and Comparisons

| French Day | Roman Mythology |
|---|---|
| Lundi | Day honoring the moon god. *Luna* = "moon." |
| Mardi | Day honoring Mars, god of war. |
| Mercredi | Day honoring Mercury, messenger of the gods. |
| Jeudi | Day honoring Jupiter, or Jove, father of the gods. |
| Vendredi | Day honoring Venus, goddess of love. |
| Samedi | Day honoring Saturn, god of the harvest and agriculture. |
| Dimanche | Day honoring the Lord. *Dominus* = "the Lord." Christian conversion of *solis dies* = "day of the sun." |

## Exercises

**A**  Write in numerical form the dates that your teacher reads.

1. _____

2. _____

3. _____

4. _____

5. _____

**B**  Label the current month. Include the names of the days and all the numbers.

MOIS _____

| JOUR | JOUR | JOUR | JOUR | JOUR | JOUR | JOUR |
|------|------|------|------|------|------|------|
|      |      |      |      |      |      |      |
|      |      |      |      |      |      |      |
|      |      |      |      |      |      |      |
|      |      |      |      |      |      |      |
|      |      |      |      |      |      |      |
|      |      |      |      |      |      |      |

**C**  Écris les dates.

1. Monday, July 14th. _____

2. Saturday, July 25th. _____

3. Tuesday, January 1st. _____

4. Wednesday, November 11th. _____

5. Sunday, August 15th. _____

**D**    Match column B with column A.

| **A** | **B** |
|---|---|
| 1.   aujourd'hui _____ | a)   yesterday |
| 2.   après-demain _____ | b)   day after tomorrow |
| 3.   avant-hier _____ | c)   today |
| 4.   demain _____ | d)   tomorrow |
| 5.   hier _____ | e)   day before yesterday |

**E**    Écris en français.

1. The third month of the year. _____

2. The "mois" in which school ends. _____

3. The second "jour" of the school week. _____

4. The month that "brings May flowers." _____

5. The first day of the week. _____

6. The month of the French national holiday. _____

7. An autumn month of thirty days. _____

8. The last day of the "semaine." _____

9. The day that precedes Tuesday. _____

10. The month in which Halloween is celebrated. _____

**F**  Écris le nom du jour selon l'illustration.

1. _____

2. _____

3. _____

4. _____

5.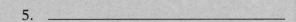

6.

7. _____

**G** Lis le passage. Choisis les réponses applicables.

C'est aujourd'hui mercredi et Françoise est heureuse. Le tour de France arrive dans sa ville. C'est une course de bicyclette dans toute la France. Françoise a une bonne place pour regarder la course. Demain elle va à une fête pour enfants. Ce week-end elle va jouer au football. La semaine de Françoise est une bonne semaine.

1. Qui est heureuse?
   a) la France
   c) la ville
   b) une bicyclette
   d) Françoise

2. Le tour de France est une bonne place, n'est-ce pas?
   a) oui
   b) non

3. Où est cette course?
   a) en ville
   c) dans toute la France
   b) à la fête
   d) au football

4. Quand est la fête?
   a) mercredi
   c) samedi
   b) mardi
   d) jeudi

5. Est-ce que Françoise reste à la maison ce week-end?
   a) oui
   b) non

# Mots croisés

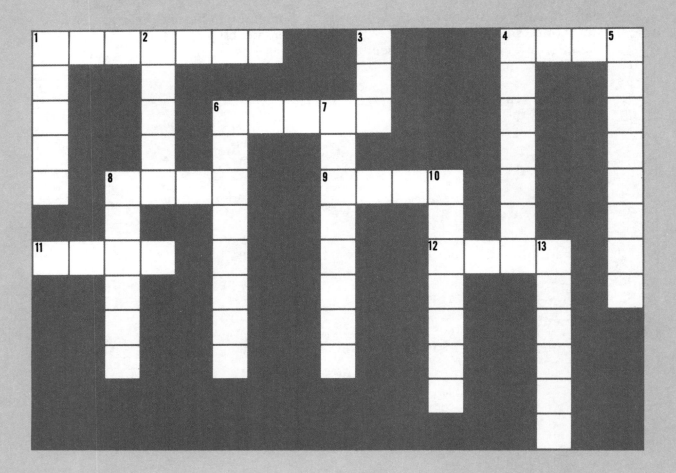

**Vertical**

1. Day before "vendredi."
2. Day that begins the week.
3. Floral month.
4. Resolution month.
5. Thanksgiving month.
6. Mercury is honored on "...."
7. Last or first day of the week.
8. A day has twenty-four of these.
10. "Sept jours."
13. Saturday.

**Horizontal**

1. Warmest summer month.
4. Month in which summer begins.
6. Day named for Mars.
8. The day just past.
9. A thirty-day period.
11. One seventh of a week.
12. The god and the month have the same name.

# HOROSCOPE

## BELIER
**(22 mars-20 avr.)**
### Encore des choix

Cette semaine, il importe de tirer parti des moments de chance qui vous seront accordés, notamment le 20, et d'éviter les démarches de quelque conséquence par exemple le 25. Il faut aussi compter avec la nécessité de prendre des décisions ou de faire des choix, tout comme au cours de ces dernières semaines, mais cette fois vous serez vraiment au pied du mur.

## TAUREAU
**(21 avr.-21 mai)**
### Complexité

Certes, il n'y a pas de transit planétaire direct dans votre signe mais vous serez tout de même sensible — trop sans doute — à la dissonance qui relie Vénus, votre maîtresse, et Neptune le 21 notamment. Si vous rêvez trop d'amours parfaites, si vous projetez trop vos fantasmes sur l'être que vous rencontrerez, vous risquez une fois de plus de tomber de haut !

## GEMEAUX
**(22 mai-21 juin)**
### Des idées

Cette semaine semble vous valoir quelques trouvailles heureuses,

une belle créativité, des talents qu'on pourrait bien vous reconnaître, des idées personnelles, originales ou des solutions astucieuses aux problèmes qui surgiront. Votre force, précisément, viendra de votre aptitude à inventer, à vous adapter et à échapper aux idées reçues ou aux préjugés...

## CANCER
**(22 juin-23 juil.)**
### De la chance

D'une manière générale, vous vous sentirez bien dans votre peau, ouvert aux idées des autres, généreux dans votre attitude ; et puis, vous aurez aussi de la chance, sans doute parce que vous saurez l'attirer à vous, comme vous attirerez les êtres. Le 22, tenez-vous sur vos gardes et attendez-vous à de la fatigue mais tout ira bien les 19, 20, 21, 23 et 24.

## LION
**(24 juil.-23 août)**
### Super !

Cette semaine devrait être exceptionnelle et plus particulièrement les 19 et 20 qui vous assurent à la fois des succès remarquables dans vos démarches, des appuis efficaces, des victoires sur vos adversaires et des alliances nouvelles. Le hasard devrait aussi vous

servir, la chance se manifester. Vous ferez les choix qu'il faut, avec une extrême lucidité.

## VIERGE
**(24 août-23 sept.)**
### Le moment juste...

Il y aura des moments où l'intuition vous servira, où votre instinct vous mettra en garde, efficacement ; et puis il y aura les moments difficiles, où tout ira de travers, où vous vous ferez attaquer, comme le 22. Pourtant, ça ne vous ferait sans doute pas de mal de vous défendre, de contre-attaquer et de « vider

ÉTUDES ASTROLOGIQUES DE FRÉDÉRIC MAISON-BLANCHE

## ASTROSCOPE

VOUS + VOTRE AVENIR
100 F seulement

MULTIPLIEZ VOS CHANCES DE RÉUSSITE PAR UNE MEILLEURE CONNAISSANCE DE VOUS-MÊME ET DU CONTEXTE DANS LEQUEL VOUS ÉVOLUEREZ LES 6 PROCHAINS MOIS.

votre sac ». Cela vous libèrerait utilement.

## BALANCE
**(24 sept.-23 oct.)**
### Soutien amical

Vous aurez sans doute besoin de vos amis, de leur réconfort et de leur désintéressement. D'ailleurs, vous nouerez sans doute aussi de nouveaux liens amicaux, ayant un vrai coup de cœur le 23. Mais, côté sentimental, il y a lassitude ou déception, le 21. Vous pouvez tout arranger si vous dites ce que vous avez à dire. Bonnes idées à exploiter dans le travail.

## SCORPION
**(24 oct.-22 nov.)**
### Energie

D'une manière générale, le climat sera positif et vous prendrez des décisions saines dont, autour de vous, tout le monde bénéficiera. De belles perspectives s'ouvrent devant vous et votre énergie ne sera pas investie en vain dans votre activité actuelle ou dans de nouveaux projets. Vous aurez su, à temps, changer votre fusil d'épaule.

## SAGITTAIRE
**(23 nov.-22 déc.)**
### Des rencontres

Bonnes et mauvaises journées alterneront mais dans l'ensemble, vous remontez la pente. N'entreprenez rien le 22 mais la chance sera avec vous les 19, 20, 24, 25. Le 23 vous aurez des idées remarquables et ferez des rencontres importantes, entraînant sans doute des projets très intéressants. Il faut retrouver votre enthousiasme.

## CAPRICORNE
**(23 déc.-20 janv.)**
### Un chagrin

Vous devez vous interdire toute illusion si vous ne voulez pas souffrir, une fois de plus, dans vos

sentiments amoureux. Vous risquez de connaître un moment de rêve, de vertige, une tentation ; malgré toute votre lucidité, vous croirez que « c'est arrivé », le 21... et vous serez presque aussitôt confronté à une autre réalité, beaucoup plus décevante, dès le 23.

## VERSEAU
**(21 janv.-18 févr.)**
### Des projets

Le 22 ne vous vaudra rien mais il y a plusieurs journées très positives dans votre vie les 20, 23 et 25. A noter en particulier que le 23 vous vaudra des hasards heureux, des rencontres sympathiques, des idées originales et des projets qui pourraient très vite prendre forme grâce à un coup de foudre amical ou à un soutien aussi total qu'inattendu. Chance le 23.

## POISSONS
**(19 févr.-20 mars)**
### Peines de cœur

Même si aucun hasard planète ne traverse votre signe cette semaine, vous risquez d'être sensible à la dissonance qui relie Vénus à Neptune, votre maître. Et cela pourrait se traduire par une déception sentimentale, un chagrin ; peut-être tout simplement devrez-vous amèrement reconnaître une erreur de jugement, vous être trompé sur la vraie nature d'un être...

---

---

# 17 LITERATURE
## La Littérature

### Three Great Authors

Pierre Corneille (1606–84) was born in Rouen. He studied the classics, Latin and Greek, and excelled in them. Following family tradition, he studied law and practiced in Rouen. Because of a speech impediment, he decided to abandon law and to write plays. He moved to Paris and published his first drama, *Mélite*. The play was a success and launched Corneille on a very successful career. Corneille wrote many great plays based on the exploits of Greek and Roman heroes. However, his masterpiece, *Le Cid*, is a play that uses a national hero of Spain as its principal character. Corneille is considered today the father of French classical drama.

Victor Hugo (1802–82) was a sensitive writer who was sincerely interested in literature, politics, and his fellow man. His novels speak of concern for the less fortunate and the handicapped, who were often the innocent victims of unjust laws. His efforts on behalf of these poor people caused him to be sent into exile by his government. Hugo was a superb novelist and an excellent poet and dramatist. Many think that he is the best writer of the romantic period in France. Some of his works are *Hernani*, *Les Misérables*, and *Les Feuilles d'automne* (*The Autumn Leaves*).

Charles Baudelaire (1821–67) was born in Paris. He was intelligent and liked poetry and art greatly. His mother and stepfather tried to force him to follow a more profitable career. Baudelaire decided to follow his own star and began his writing career. He was not immediately successful and was forced to write art essays to earn his food. Baudelaire loved languages and read the German poets. E.T.A. Hoffmann was his favorite. Baudelaire even translated the poems of Edgar Allan Poe into French. Baudelaire tried to explain life and its events with word pictures or symbols. A pretty flower could be a sign of joy or good, while a wilting flower could be a sign of sorrow or evil. This is called symbolism. Baudelaire was a master of this type of poetry. He wrote a collection of poems, called *Les Fleurs du mal*, that brought him fame. Tortured by poverty and ill health, Baudelaire died at the age of forty-six.

Tout est bien qui finit bien.      All's well that ends well.

# Exercises

**A** Guess who...

1. abandoned law to write plays. _____

2. revealed the suffering of the poor and unfortunate. _____

3. studied and mastered Greek and Latin. _____

4. was discouraged from pursuing a career as a poet. _____

5. enjoyed the stories of E.T.A. Hoffmann. _____

**B** Match column B with column A.

| **A** | **B** |
|---|---|
| 1. Pierre Corneille _____ | a) novel of social injustice |
| 2. Victor Hugo _____ | b) great poet and art critic |
| 3. Charles Baudelaire _____ | c) Corneille's greatest play |
| 4. *Le Cid* _____ | d) famous romantic author |
| 5. *Les Misérables* _____ | e) father of French classical drama |

**C** Write the full name of the author of each work listed below.

1. *Mélite:* _____

2. *Hernani:* _____

3. *Les Fleurs du mal:* _____

4. *Les Misérables:* _____

5. *Le Cid:* _____

**D** Complete the analogies.

1. Roman heroes : classicism = the downtrodden : _____

2. _____ : Baudelaire = drama : Corneille

3. novel : _____ = poem : Baudelaire

4. Rouen : Corneille = Paris : _____

5. art : Baudelaire = _____ : Corneille

**E** Groupe le nom avec l'illustration.

Baudelaire

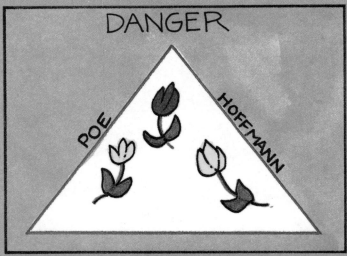

Hugo

Corneille

**F** Which author would most likely...

1. enjoy David's painting, *The Death of Socrates*?

   _____

2. write a letter to a newspaper protesting the government's abuse of a poor beggar?

   _____

3. describe moods in terms of colors?

   _____

4. have benefited by government aid to poets?

   _____

**G** Label each plot described below as modern, romantic, or classical.

1. Professor Horatio Allgood has the opportunity to be appointed Commissioner of Education for the republic of Scholarium. To receive this honor he must agree to be silent about a national committee that has unjustly fired a fellow professor. Professor Allgood does his duty and speaks out. His courageous action clears his colleague's name, but Professor Allgood loses the appointment. _____

2. Jean-Pierre L'Amour is devastated over the loss of his girlfriend, Gigi. He joins the French Foreign Legion and dies heroically. In his hand is found a picture of Gigi.

   _____

3. In the poem "Pulsating Pineapple" the star-shaped potato is about to take a trip on the jet stream to see the fawn-colored fragrance about conducting business with the maroon meloncrests. _____

**H** Complète les phrases.

1. _____ displeased his parents by becoming a poet.

2. _____ studied law in Paris.

3. _____ was a great writer of the romantic period.

4. _____ was a great classical dramatist.

5. _____ translated the writings of Edgar Allan Poe into French.

6. _____ told of the suffering of the poor and the handicapped.

7. _____ was sent into exile by his government.

8. _____ abandoned a law career to write plays.

9. _____ was a famous symbolist poet.

10. _____ wrote world-famous novels.